AF247847

ABRÉGÉ DES SERVICES

DU

MARÉCHAL DE VAUBAN,

fait par lui en 1703,

PUBLIÉ

PAR M. AUGOYAT,

LIEUTENANT-COLONEL DU GÉNIE.

~~~~~~~~~~~~~~~~~~~

PRIX : 75 CENT.

~~~~~~~~~~~~~~~~~~~

PARIS,

ANSELIN, Successr DE MAGIMEL,   G.-LAGUIONIE, Imprimeur,

LIBRAIRE POUR L'ART MILITAIRE,   LIBRAIRE DU PRINCE ROYAL

Les Sciences et les Arts,   Pour l'Art Militaire,

RUE ET PASSAGE DAUPHINE, 36.

1839.

IMPRIMERIE DE COSSE ET G.-LAGUIONIE,
rue Christine , n. 2.

ABRÉGÉ DES SERVICES

DU

MARÉCHAL DE VAUBAN.

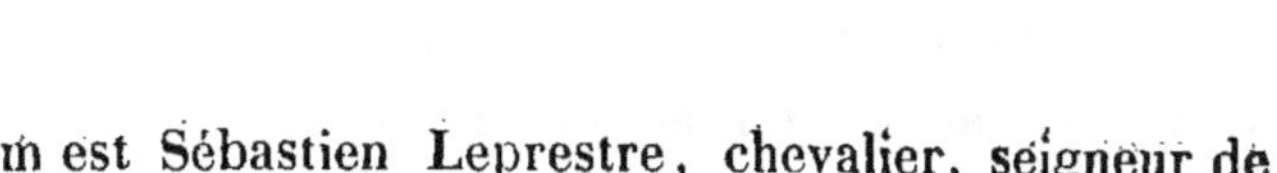

Son nom est Sébastien Leprestre, chevalier, seigneur de Vauban, qui est une maison de noblesse du Nivernais, dans lequel est située la petite seigneurie de Vauban appartenant à cette famille depuis deux cents ans et plus.

Il a commencé à servir dès l'année 1651, âgé de dix-sept ans. Il a été assez heureux pour avoir pu continuer depuis ce temps-là jusqu'à aujourd'hui, sans aucune interruption, et sans avoir été une seule année, soit en paix ou en guerre, qu'il n'ait été employé utilement hiver et été.

Au commencement de ladite année, 1651, il entra au service, en qualité de cadet, dans le régiment de Condé, compagnie d'Arcenay, ayant une assez bonne teinture des mathématiques et des fortifications, et ne dessinant d'ailleurs pas mal.

Dès l'an 1652, il fut employé aux fortifications de Clermont en Lorraine; la même année, il servit au premier siége de Sainte-Menehould, où il fit quelques logements, passa une rivière à la nage sous le feu des ennemis, pendant l'assaut; action qui lui fut imputée à grand honneur, et qui lui attira beaucoup de caresses de la part de ses officiers. On voulut même le faire enseigne dans Condé, mais il en remercia sur ce qu'il n'était pas en état d'en soutenir le caractère. Ensuite de ce siége, il entra dans la cavalerie, où il demeura un an, pendant lequel temps il s'est trouvé à plusieurs actions, à une desquelles il a été blessé, et à une autre, pris, comme ci-après.

En 1653, il fut pris, lui quatrième, par un parti de l'armée du roi. Ses camarades étant pris, et lui prêt à tomber entre leurs mains, il trouva le moyen d'engager le parti dans un chemin creux, où, ne le pouvant poursuivre qu'à la file, il tourna tête sur eux, et les ayant arrêtés tout court, il fit sa capitulation, tenant toujours le commandant du parti en joue, laquelle fut qu'il ne le dépouillerait point, qu'il ne le maltraiterait pas, et qu'il ne le ferait point marcher à pied, ce qui fut exactement observé par le commandant du parti, nommé Saint-Pierre, lieutenant du régiment de Sainte-Maure. Feu M. le cardinal Mazarin, informé qu'il avait quelque intelligence dans les fortifications, se le fit amener, et, après l'avoir converti, l'envoya au siége de Sainte-Menehould, où il servit en second, sous le chevalier de Clerville. Il fut chargé ensuite de faire réparer les fortifications de cette place, qui consistaient à peu de chose.

En 1654, il fut employé au siége de Stenay, qui dura 33 jours de tranchée ouverte, et où il fut fort blessé, dès le 9ᵉ jour. Il y retourna avant qu'il fût guéri ; il y fut encore blessé d'un coup de pierre en attachant le mineur. La même année, il se trouva à la levée du siége d'Arras, tout blessé qu'il était, et fut ensuite au siége de Clermont, où il conduisit seul les tranchées pendant le siége, le chevalier de Clerville étant incommodé, et, après la place prise, il en fit la démolition.

En 1655, il servit aux siéges des villes de Landrecies, Condé et Saint-Guislain, presque seul. Après quoi, il demeura dans Condé, pendant l'hiver de la même année, pour en faire rétablir les fortifications.

En 1656, il servit au siége de Valenciennes, où il fut dangereusement blessé. On le porta dans Condé, que les ennemis assiégèrent peu de temps après, où il ne laissa pas de servir, tout blessé qu'il était, pendant le siége, qui dura un mois, se faisant porter dans tous les endroits qui demandaient sa présence. Cette place ayant été prise par famine, M. le Cardinal l'envoya à Saint-Guislain, où il fut assiégé. Les ennemis levèrent le siége neuf jours après avoir investi la place. Cette même année, le maréchal de La Ferté, voulant se l'acquérir, l'engagea dans son régiment par une compagnie qu'il lui fit donner.

En 1657, il fut employé au siége de Montmédy, dont il conduisit seul les attaques, tous les autres ingénieurs, qui étaient en petit nombre, ayant été tués dès le commencement du siége; il y reçut quatre blessures, la plupart légères, et plusieurs autres coups dans ses habits. Ce siége fut rude et difficile, et après la place rendue, le même maréchal de La Ferté qui y commandait lui fit présent d'une autre compagnie dans son régiment de Nanci, pour lui tenir lieu de pension.

La même campagne, il servit au siége de Mardick où il demeura après sa prise pendant l'hiver à le faire fortifier par ordre de M. le Cardinal.

En 1658, il servit au siége de Gravelines, où il conduisit en chef les attaques, aussi bien que celles d'Ypres et d'Audenarde, dont M. le Cardinal le gracieusa fort, et, quoique naturellement peu libéral, il lui donna une honnête gratification, et le flatta de l'espoir d'une lieutenance aux gardes. Cette même année, en visitant les travaux d'Audenarde, par ordre de M. de Turenne, il fut pris par un parti ennemi, mené dans leur armée, et, quelque temps après, relâché sur sa parole, et ensuite échangé.

En 1659 et 1660, il servit à sa compagnie dans le régiment de La Ferté.

En 1661 et 1662, le roi l'employa par choix à la démolition des fortifications de Nanci.

En 1663, il fut, par ordre de Sa Majesté. reconnaître Marsal, dont il fit un projet d'attaque qui n'eut pas de suite, parce que M. de Lorraine fit son accommodement, ensuite de quoi la place fut remise au roi. Peu de temps après, Sa Majesté le tira du régiment de La Ferté, et lui donna une compagnie dans celui de Picardie, et une gratification pour ce qu'il avait fait à Marsal.

En 1664, 1665, 1666, il fut employé aux fortifications de Brisach, et à faire trois voyages, par ordre du roi, en Allemagne, et un autre dans les Pays-Bas, pour lesquels Sa Majesté lui donna une honnête gratification à son retour, et de grandes espérances. Il fit faire une petite machine militaire. dont il avait donné le dessin, pour servir de divertissement à monseigneur le Dauphin, âgé pour lors de trois à quatre ans.

En 1667, il suivit le roi en Flandre, et fit, sous ses ordres, les siéges de Tournay et de Douai, où il fut blessé d'un coup de mousquet au visage qui est la marque qu'on lui voit encore. Le roi fit ensuite le siége de Lille, et le chargea de la principale conduite des attaques de cette place, qui fut prise en neuf jours de tranchée ouverte, dont Sa Majesté fut si contente qu'elle le gratifia d'une lieutenance aux gardes, d'une pension, sur sa cassette, de 2,400 livres par an, et la permission de vendre sa compagnie de Picardie. Il fut, par-dessus cela, fort gracieusé de sa part par feu M. Le Tellier, qui lui dit qu'il était malheureux de ce qu'il ne s'était point trouvé de compagnie aux gardes vacante, et qu'il avait ordre de Sa Majesté de lui dire cela. Il fut ensuite employé à régler les projets des fortifications de la citadelle de Lille et de Courtray.

En 1668, le roi l'envoya en Franche-Comté, pour faire les projets des fortifications de Besançon, Salins et du château de Joux, que Sa Majesté voulait faire fortifier, ce qui n'eut pas de suite, parce que le roi rendit cette province par le traité d'Aix-la-Chapelle. Sa Majesté, contente de ses services, lui donna le gouvernement de la citadelle de Lille, à son retour, qui fut le premier de cette nature en France.

Il fit encore, pendant cette année, les projets de la ville et citadelle d'Arras, d'Ath, Audenarde et Charleroy, avec celui de Dunkerque, tels qu'ils ont été exécutés depuis.

En 1669, il fut employé à l'exécution des projets ci-dessus, et à faire celui de Tournay, et l'hiver de la même année, il alla à Pignerol pour régler le projet de ses fortifications ; ensuite de quoi il passa à Antibes et à Toulon, où il fit les projets de la nouvelle darse et des fortifications de la place, tels qu'ils ont été exécutés depuis.

De là, il fut en Roussillon, où il régla les fortifications qu'on a ajoutées depuis ce temps-là à Perpignan, Collioure et Villefranche, et, à son retour, il fut visiter les fortifications de Douai, Arras, Bapaume, Béthune, Saint-Venant et toutes les autres places du pays d'Artois, dont les projets avaient déjà été réglés par lui et approuvés par le roi. Sur quoi il est à remarquer qu'à mesure qu'il faisait un projet de place et qu'il était approuvé, le roi le chargeait de la principale direction en ce qui regarde la conduite des ouvrages, ce qui l'engagea depuis à des voyages continuels dans tous les temps de l'année.

Ce fut environ ce temps-là, qu'il fit le projet des fortifications de Saint-Quentin, La Fère, qu'on voulait raser, de Ham, Péronne et Doulens, qui étaient pour lors du département de feu M. Colbert.

En 1670 et 1671, il fut occupé à faire la visite des places des Pays-Bas et de la frontière de Picardie, ensuite de quoi le roi l'envoya en Lorraine, pour régler le projet des fortifications de Nanci, qui fut depuis exécuté.

Cette même année, 1671, il accompagna feu M. de Louvois, en Piémont, où il resta six semaines près M. le duc de Savoie à visiter, à sa réquisition, les places de Verrue, Verceil et Turin, dont il fit des dessins pour son Altesse Royale qui en fut si contente qu'en prenant congé de lui, après mille honnêtetés, elle lui fit présent elle-même de son portrait enrichi de diamants, et lui a souvent écrit depuis.

En 1672, il suivit le roi en Hollande où il fit, sous les ordres de Sa Majesté, les siéges d'Orsoy et de Doesburg, et après la reddition d'Utrecht, il fit des projets de fortifications pour les vingt-deux places que nous avions occupées dans ces pays-là ; après quoi, étant de retour en Flandre, il continua les visites des fortifications de nos places où il y avait pour lors un très grand nombre d'ouvriers employés.

En 1673, il fit, sous les ordres du roi, le siége de Mastricht qui fut terrible. Ce fut là qu'il commença pour la première fois à mettre en usage la réforme qu'il a depuis exécutée si heureusement dans les attaques des places ; celle-ci fut réduite à capituler en 13 jours de tranchée ouverte. Ce siége fut fort sanglant, à cause des incongruités (1) qui arrivèrent par la faute de gens qu'il ne veut pas nommer. Le roi fut si content du succès de ce siége, qu'après l'avoir beaucoup gracieusé, il lui donna une gratification de 4,000 louis. Ce siége achevé et l'ordre mis à ses réparations, il eut ordre du roi de l'aller trouver à Brisach où il le chargea du soin des fortifications d'Alsace et des Trois-Evêchés, dont il régla les projets.

---

(1) Ces incongruités furent à l'attaque de la gauche, l'attaque de vive force du chemin couvert de la corne de Tongres, qui n'avait pas été ordonnée, et, à l'attaque de la droite, l'attaque de vive force d'une demi-lune avancée que les progrès de la tranchée auraient fait abandonner sans coup férir. A.

La même année, il fit le dessin de Philisbourg, tel qu'il a été exécuté depuis.

En 1674, le roi conquit en personne la Franche-Comté, où Vauban conduisit les attaques des ville et citadelle de Besançon, et disposa celles de Dôle, d'où il partit par ordre du roi, dès le commencement du siége, pour aller joindre, en Flandre, M. le Prince qui était pour lors campé à Aisne-Saint-Pierre et Aisne-Saint-Paul, où il méditait un grand siége, qui ne s'étant pas trouvé praticable, il l'envoya visiter les places frontières les plus exposées. Cette année, le roi le fit brigadier d'infanterie. Les ennemis assiégèrent Audenarde, dans laquelle Vauban se jeta par ordre du roi. Ils l'attaquèrent et la pressèrent vivement. Mais après six jours d'attaque, ils levèrent le siége à l'approche de M. le Prince, qui deux jours après sa levée, l'envoya en diligence à Bergues, croyant que les ennemis en voulaient à cette place. Chemin faisant il pensa être tué, dans La Bassée, par la rencontre d'un parti qui battit son escorte et la passa par les armes, blessa son neveu, cassa le bras à un palefrenier qui lui menait un cheval de main et prit son secrétaire prisonnier. Il fut encore pendant l'hiver, surchargé du soin des fortifications des places de Picardie et Champagne qui pour lors étaient en très mauvais état.

En 1675, qui fut la campagne de Limbourg, il fut occupé à la continuation des fortifications de Besançon, Dôle, Salins, fort Saint-André, château Belin, ensuite de quoi il fut continuer la même chose en Flandre.

En 1676, il proposa les siéges de Condé et Bouchain. Son avis fut suivi, et ces deux places prises comme il l'avait prévu ; après quoi on assiégea Aire, le fort François et le fort de Linq, qui furent pris assez promptement après quelques jours d'attaque. Le roi l'honora d'un brevet de maréchal de camp à la fin du siége d'Aire. Le reste de ladite année, il fit, à son ordinaire, la visite des places de la frontière d'Alsace et du comté de Bourgogne, d'où s'étant rendu en cour (1), il en partit tôt après pour le siége de Valenciennes, qui fut entrepris au commencement de l'année 1677. Cette place fut prise et emportée de force en assez peu de temps, autant par la bonne disposition des attaques que par le bonheur extrême qui accompagnait le roi dans toutes ses entreprises. Le roi, après mille honnêtetés sur l'heureux succès de ce siége, lui donna une gratification de 25,000 écus, de son mouvement, sans l'avoir demandée ni prétendue.

De là, le roi fut à Cambray. Vauban le suivit au siége de cette place, qui fut prise en six jours d'attaque, et la citadelle en 14. Le reste de sa campagne se passa à faire raccommoder le mal qui avait été fait à ces places, et à y faire de nouvelles fortifications pour les mettre en état d'une bonne défense, ce qui s'est toujours continué depuis.

L'hiver de ladite année, 1677, fut employé à faire le siége de Saint-Guislain; ensuite de quoi il se rendit à la cour, d'où le roi le fit partir, au commencement de l'année 1678, pour le siége de Gand, ville et citadelle, après quoi on fit celui d'Ypres, par un très mauvais temps, ce qui le rendit difficile et fâcheux. Cependant, malgré les difficultés qui s'y trouvèrent, elle fut prise en assez peu de temps.

En 1678, il fut employé à la visite des places de Flandre, et ensuite à l'exécution du projet de ce beau et grand port de Dunkerque, tel qu'il est aujourd'hui (dont il avait fait le projet quelque année auparavant); il le fit ouvrir et commencer à même temps. Cette même année, le roi lui donna la charge de commissaire-général des fortifications de France, ce qui

____

(1) Ce fut, si je ne me trompe, en ce temps-là qu'il fit le projet de Bitche et Hombourg, deux petites places excellentes. V.

le surchargea du soin général de toutes les places fortes du royaume. Ensuite de quoi il fit les beaux et grands projets des villes de Menin et de Maubeuge, qui ont été exécutés depuis, qui furent suivis de celui de Longwy, d'où il se rendit à la cour.

En 1679, Sa Majesté l'envoya visiter les places de Franche-Comté, de là à Toulon, où il rectifia le projet de l'agrandissement de cette place; ensuite à Antibes et à Marseille, et de là en Roussillon, dont il visita les places, et fit le projet de la fortification de Mont-Louis et de toutes les autres pièces nouvelles de cette province, même celui de Port–Vendre, qui n'eut pas de suite par la jalousie du ministre de ce temps-là. Au retour de ce voyage, il revint en Franche–Comté, où M. de Louvois l'attendait, avec lequel il fit la visite des places d'Alsace, après quoi il s'en alla faire les projets des villes d'Huningue, Phalsbourg, Sar–Louis et Longwy, qui ont été exécutés depuis.

En 1680, il fut employé à la visite des places maritimes du côté de Blaye, Bordeaux et Bayonne, d'où il passa en Franche-Comté, Alsace, les Trois–Évêchés, Luxembourg, Hainaut, Artois, Cambrésis, Flandre et Picardie, où il travailla aux fortifications des places de ces pays–là, qui ont été exécutées, et, à la fin de cette année, le roi l'honora du gouvernement de Douai.

L'année 1681 commença par la visite des côtes de Normandie, où il fit les dessins et projets des fortifications de Saint-Malo, Granville, Cherbourg, Dieppe et Boulogne, qui furent commencées, fort avancées et ensuite rasées au commencement de la dernière guerre. Il fut ensuite en Alsace, pour en revoir les fortifications; de là il retourna en Hainaut, repassa à Paris, d'où il fut envoyé à l'île de Ré, à la Rochelle, Rochefort, Brouage et Oleron, d'où repartant, il traversa la France pour se rendre à Strasbourg, qu'on avait dessein d'assiéger, ce qui avait été résolu en secret il y avait plus de deux ans. Cette place se rendit aussitôt que les troupes de Sa Majesté en furent à deux lieues près. Après sa reddition, il y demeura le temps nécessaire pour faire le projet de ces belles et grandes fortifications qui y ont été faites depuis.

En 1682, le roi l'envoya à Cazal, dès le commencement de cette année, pour en visiter la citadelle, nouvellement acquise, et y faire le projet des fortifications qui y ont été exécutées, tant à ladite citadelle qu'à la ville et au château. Il repassa, au retour, à Pignerol, dont il corrigea les fortifications, d'où il alla visiter les places de Provence, ensuite il revint en cour, et en repartit peu de temps après pour aller faire la même chose en Franche-Comté et ensuite en Alsace, par Belfort et Strasbourg, où il fit achever les écluses qu'il avait ordonnées à la rivière de Bruche, pour sa navigation, qui était un ouvrage de très difficile exécution, qu'il fit achever lui présent, et mettre cette navigation dans sa perfection avant que de la quitter de vue; ensuite de quoi il continua de visiter tout le reste de la frontière d'Alsace, de la Lorraine allemande, Luxembourg, jusqu'en Flandre.

En 1683, il continua ses voyages ordinaires de la visite des places frontières par l'Alsace.

En 1684, il fut au siége, qu'il avait proposé, de Luxembourg, place redoutable, et qu'on croyait pour lors imprenable, ce qui s'exécuta avec peu de perte par les précautions qu'il prit pour la conservation des hommes dans la conduite de ses attaques.

En 1685 et 1686, il fut occupé à faire le projet de ce grand et magnifique ouvrage de l'aqueduc de Maintenon, et à la visite des côtes de Bretagne et des places de Normandie, Picardie et de Flandre, où il fit des dessins de ce qu'il était nécessaire d'y augmenter ou diminuer pour les mettre en état.

En 1687, il fit la visite du canal de la communication des mers et du port de Cette, et tous les projets nécessaires pour mettre ce grand et bel ouvrage dans sa perfection, qui ont été depuis exécutés , du moins la plus grande partie. Il fit aussi, pendant la même année, la visite des places de Roussillon et Provence, et au retour de son voyage, il fit la même chose en Franche-Comté et Alsace, jusqu'à Luxembourg, où il alla trouver le roi, qui fut voir les fortifications de cette ville, et après avoir fait le projet de cette grande et magnifique place de Montroyal, sur la fin de la même année, il fit celui de Landau, l'un et l'autre desquels furent approuvés et depuis exécutés.

En 1688, il fit, sous les ordres de Monseigneur, les siéges de Philisbourg, Manheim et Franckendal, ce qui s'exécuta avec fort peu de perte de notre part. Monseigneur étant très content de lui, lui fit présent de quatre pièces de canon à son choix pour mettre dans sa maison, et d'un diamant de 1,000 louis, et le roi de 2,000. La même année, le roi l'honora de la dignité de lieutenant général de ses armées.

Environ ce temps-là, le maréchal d'Humières fit le siége de Courtray, ville et citadelle, dont il conduisit les attaques.

En 1689, il commanda, par ordre de Sa Majesté, dans la Basse-Flandre, c'est-à-dire à Dunkerque, Bergues et Ypres , avec ordre de se renfermer dans celle de ces places qui serait assiégée ; sur quoi il est à remarquer que la fortification d'Ypres étant dans un grand désordre, il y fit travailler toute la campagne, avec une extrême application, étant presque toujours présent sur les travaux, ce qui lui attira une grande maladie dont il pensa mourir. Sur la fin de la même année, et avant que la maladie l'eût tout-à-fait abattu, il fit la visite des frontières plus prochaines, et notamment de Dinant, Charlemont, Philippeville, Maubeuge, Valenciennes et Tournay, dont il revint fort malade à Lille.

En 1690, il continua ses visites ordinaires des frontières.

Au commencement de 1691, il servit au siége de Mons, où le roi commandait en personne. Cette place fut prise en très peu de temps et sans beaucoup de perte , après quoi il y demeura quelque temps pour dresser les dessins de son rétablissement et des fortifications qui lui étaient nécessaires.

En 1692, il servit au siége de Namur où le roi commandait en personne. Il en conduisit les attaques avec tant de précautions, que cette place que l'on croyait très forte, ne dura que 30 jours de tranchée ouverte, ville et château, et on n'y perdit pas 800 hommes, quoiqu'il s'y fît quantité d'actions de main. Ce siége fait, il resta à Namur le temps nécessaire pour rétablir le désordre des attaques, et faire le projet des ouvrages qui manquaient à ses fortifications pour les mettre en état ; ensuite de quoi il en partit par ordre du roi pour aller visiter les places de Dauphiné, où Monsieur de Savoie avait fait irruption ; il passa de là à Pignerol et retourna par là en Provence. Ce fut aussi l'année qu'il fit le projet du fameux Mont-Dauphin.

En 1693, il suivit le roi en Flandre , et la même campagne, il fit la visite des frontières de Flandre , Charlemont et Sedan, où il travailla aux projets des fortifications de ces places, pour achever de les mettre en bon état. Dans ce temps-là, le roi le fit grand'croix de l'ordre de Saint-Louis.

La même année, aux mois de septembre et octobre, on fit, à sa sollicitation, le siége de Charleroy, qui fut bien défendu, et où il ménagea si bien les attaques, que, quoique cette place fut une des plus fortes des Pays-Bas, il n'en coûta pas au roi 500 hommes. Après ce siége, il demeura devant la place avec 17 bataillons, autant de temps qu'il fut nécessaire pour ordonner de ses réparations et la mettre en défense ; ensuite, il continua ses visites ordinaires, de places en places, le long des frontières.

En 1694 et 1695, il commanda, dans les quatre évêchés de Basse-Bretagne, les troupes de terre et de mer, où il fut assez heureux de prévenir, par ses soins et son application, les irruptions que les ennemis avaient résolu de faire dans cette province, par la descente qu'ils firent à Camaret, où ils furent battus et contraints de se rembarquer dans un grand désordre, après y avoir perdu 4 à 500 hommes que tués que blessés, et laissé 540 prisonniers, parmi lesquels il y avait quelque 40 officiers.

En 1696, il fit la visite des frontières de Flandre, et ordonna des fortifications de ses places, pour continuer à les mettre en bon état.

En 1697, on fit le siége d'Ath, place excellente, de sa façon, qui fut mené avec tant d'art et de conduite qu'il n'en coûta pas 100 hommes au roi pour le rendre maître de cette place, toute des meilleures des Pays-Bas. Il y fut blessé légèrement d'un coup de mousquet à l'épaule. Après ce siége fait, il demeura dans la place pour faire rétablir les désordres du siége, et ensuite passa le reste de l'année à visiter les places de la frontière, à son ordinaire.

En 1698, il fut, par ordre du roi, faire le projet du nouveau Brisach, sur un nouveau système, qui est une des plus belles et des meilleures places de l'Europe, et visita les autres de la frontière, depuis Bâle jusqu'à Lille en Flandre.

En 1699, le roi lui ordonna de continuer la visite des places frontières, ce qu'il fit en recommençant par Lille où il avait fini l'année précédente, et continua le long des côtes de la mer, jusqu'à Saint-Malo, où il fit des projets sur toutes les places maritimes, pour réparer les dérangements causés par les dernières guerres.

En 1700, il continua, par ordre de Sa Majesté, la visite de

ladite frontière, à dessein de faire le tour entier de la France, et fut commencer par les places du Dauphiné et de la haute Provence, ce qui fut continué le long des bords de la mer, depuis le Var jusqu'à Marseille, sur le projet de laquelle il travailla beaucoup. Mais Sa Majesté le fit revenir en cour au mois de mai de l'année 1701, à l'occasion de la guerre qui recommença, mais comme les actes d'hostilités ne commencèrent point cette année, on demeura sans rien faire de part et d'autre.

Au commencement de l'année 1702, le roi l'envoya visiter le Neuf-Brisach, Huningue et les autres places de cette frontière, d'où il reçut ordre de se rendre en Flandre en diligence, où il a passé toute la campagne à diverses visites, tant des places de notre frontière que de celles de la Flandre espagnole, où il a réglé plusieurs projets de fortification.

Au commencement de l'année 1703, comme il se trouvait à Namur, par ordre du roi, pour donner ordre à ses réparations, il apprit avec un étonnement non moins surprenant qu'agréable que le roi l'avait nommé maréchal de France.

Au reste, il a fait plusieurs autres projets de places , qui ont été approuvés, qui ne sont pas ici énoncés, et sur lesquels on a travaillé, comme ceux de Belle-Ile, de Port–Louis, de l'île de Ré et de l'île d'Oleron avec leurs forts , de Brest, de Concarneau, du château du Taureau, en Lorraine, Bitche et Hombourg, très bonnes places ; en Roussillon, le fort des Bains et plusieurs autres qu'on ne rapporte pas ici, de peur d'être trop long.

ABRÉGÉ

—

Années.

1651. Il entra dans le régiment de Condé, où il a porté le mousquet deux ans en qualité de Cadet.

1652. Sur la fin de cette année, dans la cavalerie, où il a servi un an.

1655. Ingénieur ordinaire du roi, cette année.

1656. Capitaine au régiment de La Ferté infanterie.

1663. Capitaine au régiment de Picardie. ⎫ Emplois détachés
1667. Lieutenant aux gardes. ⎬ du génie.

1668. Gouverneur de la citadelle de Lille.

1674. Brigadier d'infanterie.

1676. Maréchal de camp.

1678. Commissaire général des fortifications.

1680. Gouverneur de Douai.

1683. Derechef gouverneur de la citadelle de Lille.

1688. Lieutenant général.

1703. Maréchal de France.

Années.	Nombre de sièges.	SIÉGES OU IL S'EST TROUVÉ, dont il a dirigé LES ATTAQUES.	NOMS DES GÉNÉRAUX sous lesquels CES SIÉGES ONT ÉTÉ FAITS.
1653	1	Le 2ᵉ siége de Sainte - Menehould, sous le chevalier de Clerville. . .	M. le maréchal du Plessis.
1654	2	Stenay, sous le chevalier de Clerville. Clermont, *idem*.	M. de Fabert. Le maréchal de La Fèrté.
1655	3	Landrecies, Condé et Saint-Guislain.	Le maréchal de La Ferté et M. de Turenne.

Jusqu'ici en 2ᵉ; les suivants en 1ᵉʳ.

Années.	Nombre de sièges.	SIÉGES	NOMS DES GÉNÉRAUX
1656	3	Valenciennes (manqué). . . . . . . Condé et Saint-Guislain (assiégés sur nous).	Les mêmes. MM. du Passage et de Schomberg.
1657	2	Montmédy. . . . . Mardick.	Le maréchal de La Ferté. M. de Turenne.
1658	3	Gravelines. . . . . Ypres et Audenarde.	Le maréchal de La Ferté. M. de Turenne.
1667	3	Tournay, Douai et Lille.	Le roi.
1672	2	Orsoy et Doesbourg.	Le roi.
1673	1	Mastrick.	Le roi.
1674	3	Besançon (ville et citadelle). . . . . Audenarde, assiégé et manqué par les ennemis.	Le roi. Rochepert, gouverneur.
1676	4	Condé. . . . . Bouchain. . . . . Aire et le fort François.	Le roi. Monsieur. Le maréchal d'Humières.
1677	4	Valenciennes, Cambray (ville et citadelle.) . . . . Saint-Guislain.	Le roi. Le maréchal d'Humières.
1678	4	Gand (ville et citadelle), Ypres (ville et citadelle).	Le roi.
1683	2	Courtray (ville et citadelle).	Le maréchal d'Humières.
1684	1	Luxembourg.	Le maréchal de Créqui.
1688	4	Philisbourg, Manheim (ville et citadelle), Franckendal.	Monseigneur.
1691	1	Mons.	Le roi.
1692	2	Namur (ville et citadelle).	Le roi.
1693	1	Charleroi.	M. de Luxembourg.
1697	1	Ath.	Le maréchal de Catinat.
1703	1	Vieux-Brisach.	Le duc de Bourgogne.
	48		

Nota. On ne compte pour siége que les places où on a ouvert la tranchée et tiré du canon.

Total de ces siéges, 48, dont 20 sous le roi, 4 sous Monseigneur, et le surplus sous les généraux énoncés à la dernière colonne.

Aux six premiers, il a servi en second sous le chevalier de Clerville; à tous les autres, en chef, avec pleine autorité sur les troupes et l'artillerie, les bombes, mineurs, sapeurs, etc., réglant les travaux des attaques, et le détail des gens armés pour tous les coups de main qui se sont faits à ces siéges, où il a été si heureux, que de 130 à 140 actions de vigueur qui s'y sont faites, il n'en a manqué que deux, qui sont : l'angle rentrant du chemin couvert de Montmédy, où il fut blessé de trois coups, et la corne de Mons. Il s'est vengé de la première neuf jours après, et de la deuxième le lendemain en présence du roi.

Outre les siéges dont il a été parlé ci-dessus, il a fait les projets de 160 places et plus, et de plusieurs ports de mer, de la conduite desquels le roi lui a donné la principale direction et pleine autorité sur tous les ingénieurs, ce qui l'a obligé à des visites et voyages perpétuels, hiver et été, toutes les fois qu'il ne s'est pas agi de siéges, ce qui n'a pas cessé depuis 35 années en çà.

Il a été blessé huit fois sans avoir eu d'os cassés, mais bien quelq   (*la phrase n'est pas achevée*).

Il a été d'un si bon tempérament qu'il est revenu presque toujours à la tranchée, hors à Valenciennes, parce que le siége fut levé, et à Douai, parce que la place se rendit le lendemain. Il a même eu le bonheur de n'être jamais malade quand il a été question de servir.

Il a eu de plus des commandements considérables, tels que celui de la Basse-Flandre, en 1689, qui comprenait les villes de Dunkerque, Bergues et Ypres, avec ordre de se jeter dans celle de ces places qui serait assiégée, et celui de Brest et de la Basse-Bretagne, pendant les années 1694 et 1695.

Pendant le premier, il fit très bien fortifier la ville d'Ypres, dont la fortification était en très mauvais état, et dans le second il fit plusieurs réparations considérables à Brest et à ses environs, pour s'opposer aux descentes, et fit battre les Anglais à Camaret, où ils perdirent 4 à 500 hommes et en laissèrent 500 prisonniers, et plus de 40 officiers.

Il a eu d'autres emplois, en plusieurs rencontres, qui lui ont donné beaucoup d'occupation, mais dont on ne fait pas ici mention pour n'être pas si ennuyeux.

SUPPLÉMENT.

En juillet 1703, le maréchal de Vauban reçut des pouvoirs du roi pour servir en qualité de lieutenant général de l'armée du Rhin, sous l'autorité du duc de Bourgogne, conjointement avec le maréchal de Tallard. Il dirigea seul le siége du Vieux-Brisach ; par déférence pour son collègue, le maréchal de Tallard n'y prit aucune part. Le duc de Bourgogne étant revenu à Paris, le roi craignit les inconvénients du partage du commandement ; il approuva le parti que Vauban avait pris de visiter les places d'Alsace, et confia au maréchal de Tallard la conduite entière du siége de Landau. Ne pouvant donner de nouvelles marques de son zèle et de son affection au service du roi, Vauban voulut du moins faire part de ses vues à ceux qui devaient tenir sa place. Sous le titre d'*Avis*, il rédigea sur les attaques de Landau une longue instruction, fort remarquable, qui cependant ne fut pas suivie.

Au commencement de 1704, il présenta au duc de Bourgogne le *Traité des Siéges et de l'Attaque des Places*. Pendant cette année, la suivante et partie de 1706, il mit en ordre ses OISIVETÉS, ouvrages remplis de projets de travaux et de réformes utiles, plus ou moins praticables, par les moyens qu'il indique ; et qui tous respirent l'amour du bien public, et attestent les vues les plus libérales dans leur auteur.

En 1705, le maréchal de Vauban fut nommé chevalier du Saint-Esprit ; c'était le plus grand honneur qu'il pût recevoir, cet ordre ne se donnant qu'à la naissance. Conformément aux statuts, il dut faire preuve de quatre degrés de noblesse.

En juin 1706, après la bataille de Ramillies, il fut investi du commandement des quatre places : de Dunkerque, Bergues, Ypres et Furnes. Il y ajouta Nieuport, et campa près de cette ville avec un petit corps de troupes, tandis que l'on fortifiait le camp retranché de Dunkerque. Dans le mois de juillet, il se rendit à Lille, par ordre du roi, pour reconnaître l'état des fortifications de cette place importante, et proposer ce qu'il y avait à y faire. Il ne revint à Paris qu'en novembre. On croit que c'est à cette époque qu'il rédigea la 1re et la 3e partie du *Traité de la Défense des Places;* la 2e l'était depuis longtemps.

Il mourut le 30 mars 1707, âgé de 74 ans moins un mois. La même année, quelque temps avant sa mort, parut imprimé son *Projet de dixme royale,* qui souleva contre lui toute la cour et même le roi, dit Saint-Simon. Il suffit, pour faire comprendre cette opposition, d'énoncer la première maxime fondamentale du système de l'auteur : « Une obligation naturelle aux sujets de toutes conditions, de contribuer, à proportion de leur revenu ou de leur industrie, sans qu'aucun d'eux s'en puisse raisonnablement dispenser. »

NOTE.

Comme l'on aime à recueillir tout ce qui appartient à la vie des hommes illustres, nous joignons à l'*Abrégé des Services du Maréchal de Vauban*, les faits suivants de sa carrière qui sont peu connus.

On lit ce qui suit, dans une histoire moderne, locale, intitulée : *Description historique et topographique d'Avallon.*

« La commune de Saint-Léger du Foucheret a beaucoup plus d'obligation au père de Vauban qu'à son fils, quelque grand homme qu'il soit devenu. Il a fait honneur à sa patrie ; mais son père l'a enrichie, et l'enrichit encore tous les jours. Commençons donc par lui payer un tribut de louanges et de reconnaissance.

« Albin Leprestre (1) était un gentilhomme peu fortuné. La maison qu'il habitait, à Saint-Léger-du-Foucheret, subsiste encore ; elle est couverte en chaume.

« M. de Vauban, père, avait une inclination toute particulière pour la culture des jardins et des vergers ; il s'y adonnait uniquement. Aussi y réussissait-il admirablement bien. Les vieux arbres des châteaux portent encore écrit sur le pivot ou racine principale : c'est Vauban qui m'a édifié.

« Sébastien Leprestre, son fils, seigneur de Vauban, Bazoches, etc., naquit le 15 mai 1633. Son éducation n'a coûté qu'à lui-même.

« Les absences fréquentes de M. de Vauban père, et qui duraient souvent des semaines entières, laissaient son jeune fils à lui-même, et n'ayant pour compagnie que les jeunes

---

(1) Cette histoire donne au père de Vauban son véritable prénom qui est Albin, auquel les généalogistes ont substitué Urbain.

gens de son âge, il allait souvent avec eux à la garde de leurs moutons, partageant leur repas frugal.

« Etant venu un jour à Saint-Léger, dans le brillant de sa fortune, il se les fit présenter, et se plut à leur raconter et entendre le récit de leurs jeunes aventures. Il fit remarquer dans le nombre une bonne femme dont il loua beaucoup la générosité devant plusieurs seigneurs qui l'accompagnaient et toute la paroisse assemblée, et dit qu'elle avait souvent partagé son *époigne* (1) avec lui. Après lui avoir fait beaucoup d'amitiés, il lui donna une poignée de louis.

« Un religieux carme, retournant à sa maison de Semur, passant par Saint-Léger, demanda un petit garçon pour le conduire dans le chemin de Rouvray, crainte de s'égarer. Le jeune Vauban se présenta avec joie pour l'y conduire ; il pouvait avoir alors neuf ou dix ans. Pendant le chemin, il donna au bon père des preuves d'esprit et d'envie d'apprendre, ce qui le fit résoudre à l'emmener avec lui. Ce fut là qu'il fit ses études ; il apprit à lire, à écrire, et commença sa grammaire : mais son inclination naturelle le portait au dessin, où il fit de grands progrès pendant les six ou sept ans qu'il passa dans cette maison. »

Le père du maréchal de Vauban était le second de quatre enfants, dont l'aîné, Paul Leprestre, eut pour héritage la seigneurie de Vauban. Des deux autres, l'un fut tué à la bataille d'Andecourt, et l'autre n'eut pas d'enfant mâle. Paul mourut à l'arrière-ban, lors de la convocation qui en fut faite, en 1635. Mais il laissa deux fils, cousins germains de Sébastien, et portant le titre de seigneur de Vauban, qui passa ensuite au maréchal.

Vauban se maria de bonne heure, en 1660. Il épousa Jeanne d'Osnay ou d'Aunay, fille de Claude d'Aunay, baron d'Espiry. Elle lui apporta le château de ce nom, situé dans

---

(1) Terme du pays pour dire un petit pain.

le Nivernais, près de la Collancelle. Il en prit le titre de seigneur. Plus tard, il fit bâtir le château de Bazoches, dans le
voisinage de Vauban, à cinq lieues au nord d'Espiry.

Le siége de Mastricht, en 1673, fait époque dans l'attaque
des places. Sous le titre de *Petit Journal*, il en a écrit une
relation intéressante, dans laquelle il fait remarquer que si
l'entreprise eut un si beau succès, c'est que le travail fut di-
rigé par une seule tête qui en recevait les ordres immédiats du
roi et n'en rendait compte qu'à lui seul. » Il ajoute que l'ar-
gent était si commun à cette époque, que tout était payé
grassement, et que la libéralité du roi s'étendait jusqu'à faire
donner des cent écus pour une simple contusion. « Beaucoup,
dit-il, se sont servis utilement de cette occasion avec peu de
scrupule. »

« Je ne sais si on doit appeler ostentation, vanité ou paresse,
la facilité que nous avons de nous montrer mal à propos, et
de nous mettre à découvert hors de la tranchée sans nécessité,
mais je sais bien que cette négligence ou cette vanité (comme
on voudra l'appeler) a coûté plus de 100 hommes pendant le
siége, qui se sont fait tuer ou blesser mal à propos, et sans
aucune raison. Ceci est un péché originel dont les Français ne
se corrigeront jamais, si Dieu, qui est tout-puissant, n'en réforme toute l'espèce. »

Parmi les faits qui frappent le plus Saint-Simon, dans la
carrière de Vauban, c'est comment il avait gagné l'amitié et
la confiance de Louvois. C'est à ce ministre qu'il adressa, à la
fin de 1689, un mémoire pour obtenir le rappel des hugue-
nots. A dater de cette époque, tout en conservant au roi le
plus entier dévouement, mais nourrissant pour sa patrie l'affection la plus vive, Vauban fut souvent en opposition avec
les ministres, par la franchise avec laquelle il disait la vérité
au roi, et par les projets qu'il lui soumettait. La faveur dont il
ne cessa pas de jouir, fait l'éloge de Louis XIV. On a de Vauban, en 1693, deux mémoires : l'un sur la guerre présente et
les nouveaux convertis; l'autre, des dépenses de la guerre,

sur lesquelles le roi pourrait faire quelques économies. Dans
ce dernier, il témoigne à Sa Majesté le désir qu'elle travaille
moins, et se borne à dire à ses ministres, *oui, non, faites;* qu'elle
se réduise à faire le personnage d'un grand roi, sans aller
à l'armée; qu'elle supprime les neuf compagnies de cadets,
les plus mauvais sujets du royaume; qu'il soit pris des me-
sures pour réprimer la licence effrénée des troupes et les
désordres que cause leur levée, que la dépense des fortifications soit réduite aux places frontières de la première ligne,
et les autres aux simples entretiens, etc.

La paix de Riswick fut suivie de longues négociations qui
commencèrent en 1696. Les ennemis de Louis XIV étaient
déjà si étroitement unis, qu'ils espéraient le contraindre à subir
les conditions qu'ils lui voudraient imposer. La campagne de
1697 les rendit moins exigeants. La lettre suivante de Vauban fera connaître la situation de la France à cette époque,
et la vigueur de caractère de l'ingénieur.

LETTRE DE VAUBAN A RACINE.

Paris, 13 septembre 1696.

« Dès aussitôt mon arrivée ici, j'ai écrit, Monsieur, à tous
ceux qui pouvaient me rafraîchir la mémoire du siége de
Philisbourg, et à mon retour, j'enverrai à Lille rechercher
mes lettres du siége de cette place à M. de Louvois, et de
M. de Louvois à moi, avec quelques brouillons des attaques
que j'y dois avoir; sitôt que j'aurai ramassé tout cela, j'en
ferai un agenda que je vous remettrai.

« Je n'ai pas plus tôt été arrivé ici que j'ai trouvé Paris
rempli des bruits de paix que les ministres étrangers y font
courir à des conditions très déshonorantes pour nous; car,
entre autres choses, ils écrivent que nous avons offert en
dernier lieu, Strasbourg et Luxembourg en l'état qu'ils sont,
outre et par-dessus les offres précédentes qu'on avait faites;

qu'ils ne doutent pas que ces offres ne soient acceptées ; mais qu'ils s'étonnent fort qu'on ne les a pas faites il y a deux ans ; puisque si on les avait faites en ce temps-la nous aurions eu la paix. Si cela est, nous fournissons là, à nos ennemis de quoi nous bien donner les étrivières. Un pont sur le Rhin, et une place de la grandeur et de la force de Strasbourg, qui vaut mieux elle seule que le reste de l'Alsace, cela s'appelle donner aux Allemands le plus beau et le plus sûr magasin de l'Europe pour les secours de M. de Lorraine, et pour porter la guerre en France. Luxembourg, de sa part, fera le même effet à l'égard de la Lorraine, de la Champagne et des Evêchés. Nous n'avons après cela qu'à nous jouer à donner de l'inquiétude à M. de Lorraine, le voilà en état d'être soutenu à merveille.

« Je ne veux pas parler des autres places que nous devons rendre. Je ne vous ai paru que trop outré là-dessus ; il vaut mieux me taire, de peur d'en trop dire. Ce qu'il y a de certain, c'est que ceux qui ont donné de pareils conseils au roi, ne servent pas mal ses ennemis ; ces deux dernières places sont les meilleures de l'Europe ; il n'y avait qu'à les garder, il est certain qu'aucune puissance n'aurait pu nous les ôter. Nous perdons avec elles, pour jamais, l'occasion de nous borner par le Rhin ; nous n'y reviendrons plus, et la France, après s'être ruinée et avoir consommé un million d'hommes pour s'élargir et se faire une frontière, que tout est fait, et qu'il n'y a plus qu'à se donner un peu de patience pour sortir glorieusement d'affaire, tombe tout d'un coup, sans aucune nécessité, et tout ce qu'elle a fait depuis quarante ans, ne servira qu'à fournir à ses ennemis de quoi achever de la perdre. Que dira-t-on de nous présentement? Quelle réputation aurons-nous dans les pays étrangers, et à quel mépris n'allons-nous pas être exposés? Est-on assez peu instruit dans le conseil du roi, pour ne pas savoir que les Etats se maintiennent plus par la réputation que par la force. Si nous la perdons une fois, nous allons devenir l'objet du mépris de nos voisins, comme nous sommes celui de leur aversion. On nous va marcher sur le ventre, et nous n'oserons souffler. Voyez où nous en sommes. Je vous pose en fait qu'il n'y aura pas un petit prince dans l'empire qui, d'ici en avant, ne se veuille mesurer avec le roi, qui, de son côté, peut s'attendre que la paix ne durera qu'autant de temps que ses ennemis en emploieront à se remettre en état, après qu'ils auront fait la paix avec le Turc. Nous le donnons trop beau à l'empereur, pour manquer à s'en prévaloir. De la manière enfin qu'on nous promet la paix générale, je la tiens plus infâme que celle du Cateau-Cambrésis, qui déshonora Henri second, et qui a toujours été considérée comme la plus honteuse qui ait jamais été faite. Si nous avions perdu cinq ou six batailles, l'une sur l'autre, et une grande partie de notre pays ; que l'Etat fût dans un péril évident, à n'en pouvoir relever sans une paix, on y trouverait encore à redire, la faisant comme nous la voulons faire. Mais il n'est pas question de rien de tout cela, et on peut dire que nous sommes encore dans tous nos avantages : nous avons gagné terrain considérable sur l'ennemi ; nous lui avons pris de grandes et bonnes places ; nous l'avons toujours battu ; nous vivons tous les ans à ses dépens ; nous sommes en bien meilleur état qu'au commencement de la guerre, et au bout de tout cela nous faisons une paix qui déshonore le roi et toute la nation. Je n'ai point de termes pour expliquer une si extraordinaire conduite, et quand j'en aurais, je me donnerais bien garde de les exposer à une telle lettre ; brûlez-la s'il vous plaît. »

Barbesieux et Le Tellier, archevêque de Rheims, qui voulaient peu de bien à Vauban, faillirent, cette même année, causer sa disgrâce. « Souvenez-vous, Sire, dit-il au roi, que je ne suis qu'à vous, que je n'ai d'autre protection que celle dont vous m'honorez, et que si j'étais assez malheureux pour qu'elle me manquât, il n'y aurait d'autre parti à prendre pour moi qu'une sombre et triste retraite, après quarante-cinq ans de bons et fidèles services, aussi effectifs et assidus qu'ils le sont jamais. »

Vauban conserva la faveur du monarque ; ce qui valut aux ingénieurs la belle leçon du siége d'Ath. Voici comment le maître, à qui il était permis de se rendre justice, s'exprimait sur ce siége :

« Il est vrai aussi, et je puis m'en vanter sans faire le Gascon, que jamais place n'a été attaquée avec tant d'art et de vitesse tout à la fois. La bonne chose que c'est que de bien connaître l'ennemi à qui on a affaire. Je n'ai songé à autre chose qu'à l'étude des attaques de cette place, depuis que le roi eut tant fait que de m'en prononcer le nom, et bien m'en a pris d'en avoir fait faire un nouveau plan avec toutes les remarques quand il la céda aux ennemis. » — « Si je puis joindre la planche, j'en ferai figurer les attaques tout autrement qu'elles n'ont été ; car il serait ridicule d'apprendre à nos ennemis la conduite qu'ils auront à tenir en cas pareil. C'est pourquoi ne faites point graver les attaques, si vous m'en croyez. » (Lettres du 4 et du 23 juin.)

Trois grandes pensées occupèrent Vauban : le perfectionnement de la navigation de la France ; la répartition équitable des impôts, et la réforme complète de l'état militaire de son temps. Il est allé très loin dans ses vues sur ce dernier sujet. C'est la partie de ses œuvres la moins connue, et la pensée n'en est pas moins belle que celle de la dixme royale. « C'est, dit M. de Fourcroy (1), où l'on voit le mieux son amour pour la discipline, le bon ordre et les vertus militaires. »

Cherchant les moyens de corriger les défauts de notre infanterie, le maréchal de Vauban écrivait en 1705 : « Ce ne

---

(1) *Journal général de France*, année 1786, in-4°. On attribue à **M. de Fourcroy**, officier général du corps du génie, la plupart des articles sur **Vauban** qui ont paru dans ce recueil, en 1786, année des débats avec **Choderlos de Laclos.**

sera pas en plaçant à la tête des troupes des jeunes gens qui
n'ont ni services ni expérience, qu'on y parviendra; ce ne
sera pas en permettant la vénalité des charges à qui aura de
quoi en acheter; ce ne doit pas être en tolérant une infinité de
friponneries et de passe-droits, en forçant les levées, en sou-
tenant la solde sur le pied où elle est, etc. »

Les remèdes, suivant lui, devaient être : une bonne foi entière dans les enrôlements, un tirage au sort avec toute
l'exactitude et la fidélité requises, et en imposant également
toutes les levées sur chaque canton, comme on fait la taille
dans les pays de cadastre; une attention sérieuse au choix
des officiers; des conseils de police dans les corps pour régler les différends; une solde plus élevée; la bonne qualité
du pain; une meilleure administration des hôpitaux; des
changements qu'il proposait dans l'armement, etc.

Le maréchal de Vauban fixait le temps de service des soldats à trois ans, après quoi congé absolu et honorable, ne
pouvant leur être refusé sous quelque prétexte que se puisse
être, à la fin des campagnes, avec une route et de quoi se
rendre chez eux, à proportion de leur éloignement. La peine
des galères contre la désertion lui paraissait exorbitante, ap-
pliquée à des malheureux qu'on enlevait par force ou par
dol à leurs familles.

La modicité de la solde, qui n'était que de cinq sous par
jour, et sur laquelle on prélevait deux sous pour le pain,
huit deniers pour la masse, quatre deniers pour les cha-
peaux, etc., et la mauvaise qualité du pain qui était donné
aux soldats, étaient un de ses plus vifs sujets de regrets. Il
proposait de porter la solde à six sous et de donner le pain
gratis aux troupes en temps de guerre. On a de lui une re-
cette pour faire en campagne une soupe au blé, infiniment
meilleure que le pain mal cuit, mal pétri, mal levé, que les
soldats recevaient de son temps. (*Journal général de France*,
cité.)

Le maréchal de Vauban voulait un avancement au choix;

car, comme il y a des différences de mérite infinies entre les hommes, il n'est pas juste, disait-il, de réduire ceux en qui on voit reluire beaucoup d'esprit et de courage, à l'ennuyeuse nécessité d'attendre que leur tour vienne. Mais comme il savait qu'avec les meilleures intentions on peut se tromper au choix, il distinguait vingt cas méritoires auxquels il attachait pour le soldat comme pour l'officier des récompenses d'honneur et d'ancienneté donnant droit à un avancement légitime.

Il fixait le nombre des maréchaux de France à 12 ; celui des lieutenants généraux en activité à 24 ; les maréchaux de camp à 48, et les brigadiers à 96. Il allouait aux lieutenants généraux un traitement à vie de 12,000 livres ; un de 6,000 aux maréchaux de camp, et un de 3,000 aux brigadiers, indépendamment de leurs régiments. Et pour honorer davantage les officiers généraux, à une époque où les titres passaient avant les grades, il voulait que ceux qui n'en auraient pas, fussent, les lieutenants généraux, marquis à vie, les maréchaux de camp, comtes, et les brigadiers, barons.

Il n'est pas douteux pour nous, d'après la correspondance imprimée de Catinat, et d'après nos propres recherches, que Vauban n'ait, sur la fin de sa carrière, ambitionné la dignité de maréchal de France, pour conserver son rang à l'égard des lieutenants généraux moins anciens que lui, qui recevaient cette élévation. La promotion dont il fit partie était de dix. Mais en se proposant au choix du roi, à l'occasion de cette promotion, il lui témoigna en même temps « qu'une telle élévation serait embarrassante pour un emploi ambulant tel que le sien, qui l'obligeait à voir et à visiter tant de places, et à être continuellement mêlé parmi les ouvriers. » Il nous apprend, à la fin de l'Abrégé de ses services, qu'il reçut sa nomination avec joie.